This Book Belongs To:

....

....

Color I Used on:

Eyes:...

Lips:..

Cheeks:...

Other areas:..

*Color I Used on:

Eyes:...
Lips:..
Cheeks:...
Other areas:...

Color I Used on:

Eyes:..

Lips:..

Cheeks:..

Other areas:..

Color I Used on:

Eyes:..

Lips:...

Cheeks:..

Other areas:...

Color I Used on:

Eyes:...
Lips:...
Cheeks:..
Other areas:...

*Color I Used on:
Eyes:……………………………………………………………
Lips:……………………………………………………………
Cheeks:……………………………………………………………
Other areas:……………………………………………………

*Color I Used on:
Eyes:..
Lips:..
Cheeks:..
Other areas:..

Color I Used on:

Eyes:...

Lips:...

Cheeks:...

Other areas:..

Color I Used on:

Eyes:..

Lips:...

Cheeks:..

Other areas:..

*Color I Used on:

Eyes:..
Lips:...
Cheeks:...
Other areas:..

Color I Used on:

Eyes:..

Lips:...

Cheeks:...

Other areas:..

Color I Used on:

Eyes:..
Lips:..
Cheeks:...
Other areas:...

*Color I Used on:

Eyes:..

Lips:..

Cheeks:...

Other areas:..

Color I Used on:

Eyes:..

Lips:...

Cheeks:..

Other areas:...

Color I Used on:

Eyes:..

Lips:...

Cheeks:..

Other areas:...

*Color I Used on:

Eyes:..
Lips:...
Cheeks:..
Other areas:..

*Color I Used on:

Eyes:..
Lips:...
Cheeks:..
Other areas:...

*Color I Used on:

Eyes:..
Lips:...
Cheeks:..
Other areas:...

Color I Used on:

Eyes:..

Lips:..

Cheeks:..

Other areas:..

Color I Used on:

Eyes:..

Lips:...

Cheeks:...

Other areas:...

Color I Used on:

Eyes:..
Lips:..
Cheeks:..
Other areas:..

*Color I Used on:

Eyes:...
Lips:...
Cheeks:...
Other areas:...

*Color I Used on:
Eyes:...
Lips:...
Cheeks:..
Other areas:..

*Color I Used on:

Eyes:..
Lips:..
Cheeks:..
Other areas:..

**Color I Used on:*

Eyes:..

Lips:..

Cheeks:..

Other areas:..

Color I Used on:

Eyes:..
Lips:..
Cheeks:..
Other areas:..

Color I Used on:

Eyes:...

Lips:..

Cheeks:...

Other areas:..

*Color I Used on:

Eyes:..
Lips:..
Cheeks:...
Other areas:..

Color I Used on:

Eyes:..

Lips:...

Cheeks:...

Other areas:...

Color I Used on:

Eyes:..
Lips:..
Cheeks:..
Other areas:..

Color I Used on:

Eyes:...

Lips:...

Cheeks:...

Other areas:..

*Color I Used on:

Eyes:..
Lips:..
Cheeks:..
Other areas:..

*Color I Used on:
Eyes:..
Lips:...
Cheeks:..
Other areas:...

*Color I Used on:

Eyes:...
Lips:...
Cheeks:..
Other areas:...

Color I Used on:

Eyes:..

Lips:..

Cheeks:..

Other areas:...

Color I Used on:

Eyes:..

Lips:..

Cheeks:..

Other areas:...

**Color I Used on:*

Eyes:..

Lips:...

Cheeks:..

Other areas:..

*Color I Used on:

Eyes:...
Lips:...
Cheeks:..
Other areas:...

*Color I Used on:

Eyes:...
Lips:..
Cheeks:...
Other areas:...

*Color I Used on:

Eyes:..
Lips:..
Cheeks:..
Other areas:...

*Color I Used on:

Eyes:..
Lips:..
Cheeks:..
Other areas:..

Color I Used on:

Eyes:..

Lips:..

Cheeks:...

Other areas:..

*Color I Used on:

Eyes:...
Lips:...
Cheeks:..
Other areas:...

Color I Used on:

Eyes:..

Lips:..

Cheeks:...

Other areas:..

*Color I Used on:

Eyes:..
Lips:...
Cheeks:...
Other areas:..

*Color I Used on:

Eyes:..
Lips:..
Cheeks:..
Other areas:..

*Color I Used on:

Eyes:..
Lips:..
Cheeks:..
Other areas:...

*Color I Used on:

Eyes:..

Lips:...

Cheeks:..

Other areas:...

*Color I Used on:

Eyes:...
Lips:...
Cheeks:..
Other areas:...

Color I Used on:

Eyes:..
Lips:..
Cheeks:..
Other areas:..

Color I Used on:

Eyes:...

Lips:..

Cheeks:..

Other areas:...

*Color I Used on:

Eyes:..
Lips:..
Cheeks:..
Other areas:...

Color I Used on:

Eyes:..
Lips:...
Cheeks:...
Other areas:..

*Color I Used on:

Eyes:...
Lips:..
Cheeks:...
Other areas:..

Color I Used on:

Eyes:………………………………………………………………

Lips:………………………………………………………………

Cheeks:……………………………………………………………

Other areas:………………………………………………………

*Color I Used on:
Eyes:..
Lips:..
Cheeks:..
Other areas:...

Color I Used on:

Eyes:...

Lips:...

Cheeks:...

Other areas:..

*Color I Used on:

Eyes:...
Lips:...
Cheeks:...
Other areas:..

*Color I Used on:

Eyes:...
Lips:...
Cheeks:...
Other areas:...

*Color I Used on:

Eyes:..
Lips:...
Cheeks:..
Other areas:..

*Color I Used on:

Eyes:...
Lips:...
Cheeks:...
Other areas:...

Color I Used on:

Eyes:..

Lips:..

Cheeks:..

Other areas:...

*Color I Used on:

Eyes:……………………………………………………………………
Lips:……………………………………………………………………
Cheeks:…………………………………………………………………
Other areas:……………………………………………………………

Color I Used on:

Eyes:..

Lips:..

Cheeks:...

Other areas:..

*Color I Used on:

Eyes:...
Lips:...
Cheeks:..
Other areas:...

Color I Used on:

Eyes:...

Lips:...

Cheeks:...

Other areas:...

*Color I Used on:

Eyes:..
Lips:..
Cheeks:..
Other areas:..

Color I Used on:

Eyes:...

Lips:...

Cheeks:...

Other areas:...

*Color I Used on:

Eyes:..
Lips:..
Cheeks:...
Other areas:..

Color I Used on:

Eyes:..
Lips:...
Cheeks:..
Other areas:..

***Color I Used on:**

Eyes:...

Lips:...

Cheeks:...

Other areas:...

Color I Used on:

Eyes:...

Lips:...

Cheeks:..

Other areas:..

Color I Used on:

Eyes:...

Lips:...

Cheeks:...

Other areas:...

Color I Used on:

Eyes:..

Lips:..

Cheeks:...

Other areas:...

*Color I Used on:

Eyes:..
Lips:..
Cheeks:..
Other areas:...

*Color I Used on:

Eyes:..
Lips:..
Cheeks:..
Other areas:...

*Color I Used on:

Eyes:……………………………………………………………

Lips:……………………………………………………………

Cheeks:…………………………………………………………

Other areas:……………………………………………………

Color I Used on:

Eyes:……………………………………………………………………

Lips:………………………………………………………………………

Cheeks:………………………………………………………………

Other areas:………………………………………………………

Color I Used on:

Eyes:..

Lips:..

Cheeks:...

Other areas:...

*Color I Used on:

Eyes:..
Lips:...
Cheeks:..
Other areas:..

*Color I Used on:

Eyes:..
Lips:..
Cheeks:...
Other areas:...

*Color I Used on:

Eyes:...
Lips:...
Cheeks:...
Other areas:..

Color I Used on:

Eyes:..

Lips:..

Cheeks:..

Other areas:..

*Color I Used on:
Eyes:..
Lips:...
Cheeks:..
Other areas:...

Color I Used on:

Eyes:..
Lips:..
Cheeks:...
Other areas:..

Color I Used on:

Eyes:..
Lips:..
Cheeks:..
Other areas:..

*Color I Used on:
Eyes:
Lips:
Cheeks:
Other areas:

*Color I Used on:

Eyes:..

Lips:..

Cheeks:..

Other areas:...

*Color I Used on:

Eyes:...

Lips:..

Cheeks:...

Other areas:...

*Color I Used on:

Eyes:..
Lips:..
Cheeks:...
Other areas:...

*Color I Used on:

Eyes:...

Lips:...

Cheeks:...

Other areas:...

*Color I Used on:

Eyes:..
Lips:..
Cheeks:...
Other areas:..

Color I Used on:

Eyes:..
Lips:..
Cheeks:..
Other areas:..

*Color I Used on:

Eyes:..

Lips:..

Cheeks:..

Other areas:..

*Color I Used on:

Eyes:..
Lips:..
Cheeks:..
Other areas:...

*Color I Used on:

Eyes:..
Lips:...
Cheeks:..
Other areas:...

*Color I Used on:

Eyes:..
Lips:..
Cheeks:...
Other areas:..

Color I Used on:

Eyes:...

Lips:...

Cheeks:..

Other areas:...

Color I Used on:

Eyes:..

Lips:...

Cheeks:..

Other areas:..

Color I Used on:

Eyes:...

Lips:..

Cheeks:...

Other areas:..

Color I Used on:

Eyes:...

Lips:...

Cheeks:...

Other areas:..

Color I Used on:

Eyes:..

Lips:..

Cheeks:..

Other areas:...

*Color I Used on:

Eyes:...
Lips:...
Cheeks:..
Other areas:..

*Color I Used on:

Eyes:..
Lips:..
Cheeks:...
Other areas:..

*Color I Used on:

Eyes:..
Lips:..
Cheeks:..
Other areas:...

Color I Used on:

Eyes:..
Lips:..
Cheeks:..
Other areas:...

*Color I Used on:

Eyes:..
Lips:..
Cheeks:...
Other areas:...

Color I Used on:

Eyes:...

Lips:...

Cheeks:...

Other areas:...

*Color I Used on:

Eyes:...
Lips:...
Cheeks:..
Other areas:...

Eyes:...
Lips:...
Cheeks:...
Other areas:...

Color I Used on:

Eyes:..
Lips:..
Cheeks:..
Other areas:..

*Color I Used on:

Eyes:..
Lips:..
Cheeks:..
Other areas:..

*Color I Used on:

Eyes:..
Lips:...
Cheeks:..
Other areas:..

*Color I Used on:

Eyes:..

Lips:..

Cheeks:..

Other areas:...

*Color I Used on:

Eyes:...
Lips:...
Cheeks:..
Other areas:...

*Color I Used on:

Eyes:..
Lips:..
Cheeks:..
Other areas:...